L'ORGUE ÉLECTRIQUE

DE

L'ÉGLISE NOTRE-DAME

A VALENCIENNES

CONSTRUIT D'APRÈS LE NOUVEAU SYSTÈME ÉLECTRO-PNEUMATIQUE

SCHMŒLE & MOLS

PAR

MM. MERKLIN & CIE

Facteurs d'Orgues à Paris et à Lyon

RAPPORT DE LA COMMISSION

CHARGÉE DE LA RÉCEPTION

APPRÉCIATIONS DIVERSES

VALENCIENNES

IMPRIMERIE SEULIN ET DEHON

1891

L'ORGUE ÉLECTRIQUE

DE

L'ÉGLISE NOTRE-DAME

A VALENCIENNES

CONSTRUIT D'APRÈS LE NOUVEAU SYSTÈME ÉLECTRO-PNEUMATIQUE

SCHMŒLE & MOLS

PAR

MM. MERKLIN & CIE

Facteurs d'Orgues à Paris et à Lyon

RAPPORT DE LA COMMISSION

CHARGÉE DE LA RÉCEPTION

APPRÉCIATIONS DIVERSES

VALENCIENNES

IMPRIMERIE SEULIN ET DEHON

1891

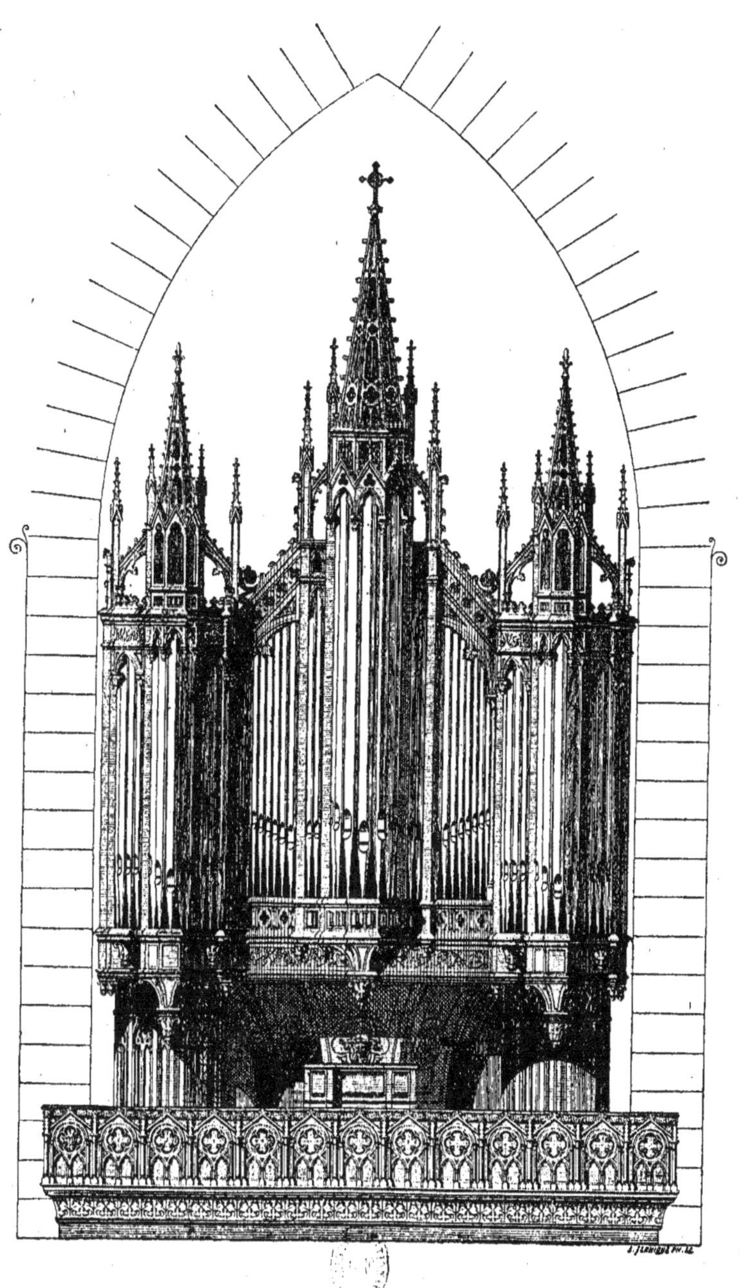

NOUVELLES ORGUES ÉLECTRIQUES DE L'ÉGLISE NOTRE-DAME DE VALENCIENNES
CONSTRUITES PAR MM. J. MERKLIN & Cⁱᵉ
Les dessins du Buffet et de la Tribune ont été dressés par M. Batigny, Architecte à Lille

L'exécution du Grand Orgue a été confiée à la Maison MERKLIN et Cie, le 30 Avril 1889, par le Conseil de Fabrique de Notre-Dame, composé de :

MM. L'Abbé PROUVOST Gaspard, Curé-Doyen, Chanoine, Archi-Prêtre ;
    BULTOT Amédée, Maire de Valenciennes ;
    GRIMONPREZ, Président ;
    BARBET-SERRET, Président du bureau ;
    DELCOURT Eug., Secrétaire ;
    CARLIER-BRACQ, Trésorier ;
    GIARD Jules ;
    D'ESTREUX de BEAUGRENIER Alfred ;
    DUPONT Paul ;
    THELLIER (Charles) de PONCHEVILLE, député du Nord ;
    LEROY Aimé (*)

L'inauguration solennelle a eu lieu le 24 Juin 1891. Étaient Membres du Conseil de Fabrique :

MM. (**)
    BULTOT Amédée, Maire de Valenciennes ;
    GRIMONPREZ, Président ;
    BARBET-SERRET, Président du bureau ;
    DELCOURT Eugène, Secrétaire ;
    CARLIER-BRACQ, Trésorier ;
    GIARD Jules ;
    D'ESTREUX de BEAUGRENIER ;
    DUPONT Paul ;
    THELLIER (Charles), de PONCHEVILLE, député du Nord ;
    DUTOUQUET Louis, Architecte ;

(*) Décédé le 22 novembre 1890.
(**) L'Inauguration a eu lieu avant qu'il n'eut été pourvu au remplacement de M. le Doyen PROUVOST, décédé le 12 Mai 1891.

DISPOSITION

DES

CLAVIERS, REGISTRES, PÉDALES & BOUTONS DE COMBINAISONS

DES

ORGUES ÉLECTRIQUES DE L'ÉGLISE NOTRE - DAME

A VALENCIENNES

Construites par MM. J. MERKLIN et Cᵉ (1890-1891)

PARIS - LYON

5° Clavier Pédales séparées................... 9 jeux
4° Clavier Orgue de Chœur................... 11 »
3° Clavier Récit Expressif.................... 10 »
2° Clavier Positif expressif .... 10 »
1° Clavier grand Orgue .... 13 »

TOTAL.......... 53 jeux

Série de 21 Pédales d'Accouplements et de Combinaisons
Série de 7 Registres de Combinaisons.
Série de 16 Boutons de Combinaisons électriques.

DESCRIPTION DES JEUX

1er CLAVIER. — *Grand Orgue*

1° Principal .	16 p.	5° Flûte harmonique	8 p.
2° Montre	8 p.	6° Salicional	8 p.
3° Bourdon	16 p.	7° Prestant	4 p.
4° Bourdon	8 p.	8° Doublette	2 p.

Jeux de Combinaisons

9° Grand Cornet	8 p.	12° Trompette	8 p.
10° Fourniture progress ..	2 p. 2/3	13° Clairon .	4 p.
11° Bombarde	16 p.		

2me CLAVIER. — *Positif expressif*

1° Quintaton	16 p.	5° Unda Maris	8 p.
2° Principal	8 p.	6° Flûte octaviante	4 p.
3° Gemshorn	8 p.	7° Quinte flûte	2 p. 2/3
4° Viole de gambe	8 p.	8° Clochettes	1 p.

Jeux de Combinaisons

9° Trompette	8 p.	10° Clarinette	8 p.

3me CLAVIER. — *Récit expressif*

1° Flûte traversière	8 p.	4° Voix céleste	8 p.
2° Bourdon	8 p.	5° Flûte d'écho	4 p.
3° Viole de gambe	8 p.	6° Octavin	2 p.

Jeux de Combinaisons

7° Cornet	8 p.	9° Basson hautbois	8 p.
8° Trompette harmonique	8 p.	10° Voix humaine	8 p.

4me CLAVIER. — *Orgue de Chœur*

1re Partie (Grand Orgue)

1° Montre	8 p.	4° Gambe	8 p.
2° Bourdon	16 p.	5° Prestant	4 p.
3° Bourdon	8 p.		

Jeu de Combinaisons

6° Trompette

2me Partie (*Récit*)

7° Flûte harmonique....	8 p.	10° Clarinette............	8 p.
8° Salicional.....	8 p.	11° Basson hautbois......	8 p.
9° Flûte d'écho	4 p.		

5me CLAVIER. — *Pédales séparées*

1° Grosse Flûte........	16 p.	4° Octave basse........	8 p.
2° Sous-basse.........	16 p.	5° Violoncelle.	8 p.
3° Violon.............	16 p.	6° Flûte	4 p.

Jeux de Combinaisons

7° Bombarde......	16 p.	9° Clairon..	4 p.
8° Trompette..........	8 p.		

Pédales d'accouplements et de combinaisons

1° Pédale de tonnerre.
2°　　" 　réunissant le 1er clavier au pédalier.
3°　　" 　　　" 　　2e　　" 　　　　"
4°　　" 　　　" 　　3e　　" 　　　　"
5°　　" 　　　" 　　4e　　" 　　　　"
6°　　" 　d'appel des jeux du 1er clavier.
7°　　" 　réunissant le 2e clavier sur le 1er.
8°　　" 　　　" 　　3e　　" 　　1er, à l'unisson.
9°　　" 　　　" 　　4e　　" 　　1er.
10°　　" 　　　" 　　3e　　" 　　1er, à l'octave grave.
11°　　" 　　　" 　　3e　　" 　　2e.
12°　　" 　d'accouplement du récit chœur sur le grand orgue chœur.
13°　　" 　d'expression du 2e clavier.
14°　　" 　　　" 　　du 3e　　"
15°　　" 　　　" 　　du 4e　　"
16°　　" 　de forte général.
17°　　" 　d'introduction des jeux de combinaison du pédalier.
18°　　" 　　　" 　　　" 　　　" 　　1er clavier.
19°　　" 　　　" 　　　" 　　　" 　　2e　　"
20°　　" 　　　" 　　　" 　　　" 　　3e　　"
21°　　" 　　　" 　　　" 　　　" 　　4e　　"

Registres de Combinaisons

1° Appel des registres.
2°　　" 　de combinaisons électriques.
3°　　" 　de trémolo du 2e clavier.
4°　　" 　　　" 　　3e　　"
5°　　" 　　　" 　　4e　　"
6°　　" 　du grand orgue chœur sur le 4e clavier.
7°　　" 　du récit chœur sur le 4e clavier.

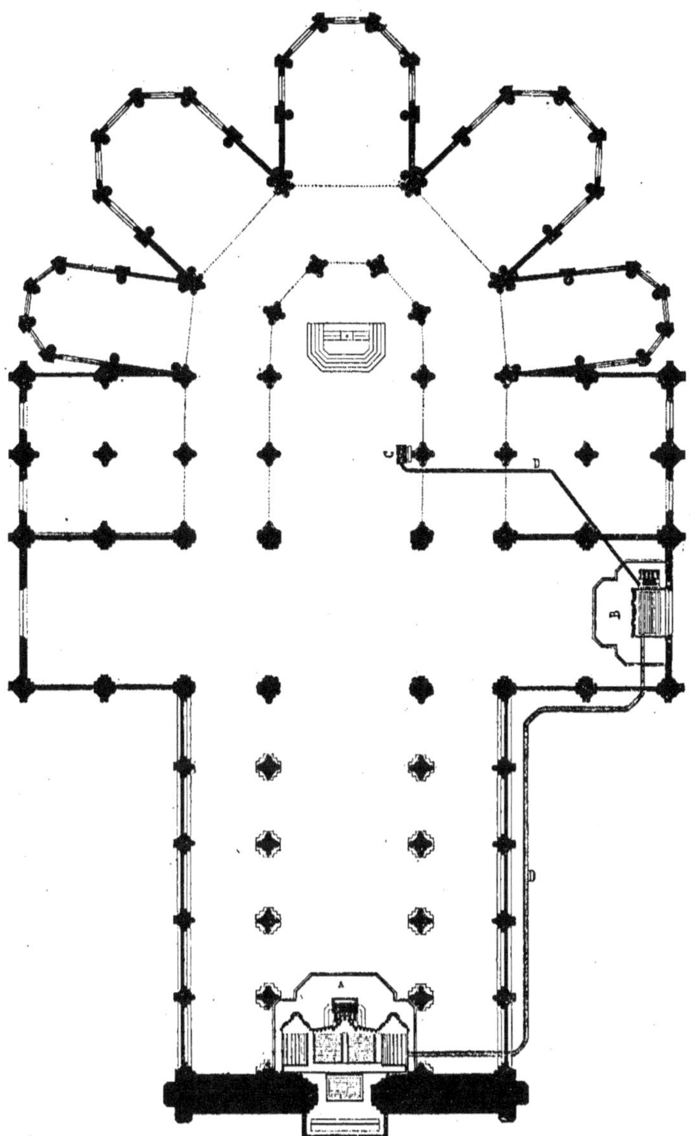

LÉGENDE EXPLICATIVE

A — Orgue de Tribune avec console de claviers sur laquelle on peut jouer les 42 jeux du dit Orgue de Tribune et les 11 jeux de l'Orgue d'accompagnement, alternativement ou simultanément.

B — Orgue d'accompagnement avec console de claviers sur laquelle on peut jouer les 11 jeux du dit Orgue d'accompagnement et les 6 premiers de ces 11 jeux au pédalier par tirasse.

C — Console de clavier sur laquelle on peut jouer les 6 premiers jeux de l'Orgue d'accompagnement.

D D — Câble de transmission électrique.

LES

ORGUES ÉLECTRIQUES DE NOTRE-DAME

de Valenciennes

CONSTRUITES D'APRÈS LE NOUVEAU SYSTÈME ÉLECTRO-PNEUMATIQUE SCHMŒLE & MOLS

PAR

MM. MERKLIN et Cie

RAPPORT de la Commission d'Expertise

MESSIEURS LES MEMBRES DE LA FABRIQUE,

Lorsque vous avez confié à MM. Merklin & Ce la construction d'un grand orgue de tribune pour l'Église Notre-Dame, vous avez voulu que cet orgue fût établi d'après le système électro-pneumatique de Schmoele et Mols dont cette maison a le monopole.

Nous avons examiné cet instrument dans tous ses détails et nous avons l'honneur de vous apporter le résultat de notre expertise.

Il vous serait difficile, Messieurs, de nous suivre dans les explications que nous allons vous donner, si au préalable nous ne vous faisions un exposé rapide, succinct, des différentes parties constituantes d'un orgue et de la façon dont elles sont associées.

L'orgue est un instrument très complexe; c'est un composé d'instruments plus ou moins nombreux, très variés quant à leur timbre, mais tous basés sur les vibrations de l'air comprimé dans des tuyaux sonores.

Chacun de ces instruments se nomme jeu : leur réunion, leur ensemble constitue l'orgue, *organum*, l'instrument par excellence.

L'orgue de Notre-Dame contient 42 jeux.

Chaque jeu se compose d'un certain nombre de tuyaux dont chacun fournit une note de la gamme chromatique.

Dans quelques jeux, la note est fournie par la réunion de plusieurs tuyaux 2, 3, 4 et même 5 comme dans les cornets.

D'après leur qualité, leur timbre, leur expression, ces jeux sont réunis en groupes que l'on est convenu d'appeler, par exemple :

> Positif.
> Récit.
> Grand orgue.
> Pédales séparées.

Chacun de ces groupes correspond à un clavier spécial. Il y a des orgues à 1, à 2, à 3, à 4 et même à 5 claviers.

Celui de Notre-Dame a 5 claviers dont 4 servent pour l'orgue de tribune. Ce sont 3 claviers à mains et un clavier très important de pédales séparées; le 5e clavier sert à jouer l'orgue de chœur.

Examinons maintenant la facture d'un groupe.

Tous les tuyaux dont il est composé sont réunis sur un même soubassement appelé sommier. Ce sommier se compose : 1° de canaux rectangulaires et parallèles dont la paroi supérieure est percée de trous dans lesquels viennent s'emboîter les pieds coniques des tuyaux sonores.

Tous les tuyaux qui donnent la même note, quelque soit le jeu auquel ils appartiennent, sont situés sur la même *gravure*. C'est ainsi qu'on désigne ces canaux parallèles. La paroi inférieure repose sur une caisse rectangulaire en bois, nommée *laye*, où vient s'emmagasiner l'air chassé par la soufflerie.

Les gravures communiquent avec la soufflerie par un orifice muni d'une soupape. Dès que cette soupape est ouverte le vent pénètre dans la gravure et fait vibrer tous les tuyaux qui y ont leur embouchure. Mais afin de ne laisser parler qu'un ou plusieurs tuyaux à volonté, on dispose perpendiculairement aux gravures un système de lames mobiles, percées d'autant de trous qu'il y a de tuyaux dans un jeu. Si on les fait mouvoir, le plein qui sépare les trous venant se placer au-dessous de l'orifice des tuyaux, le vent n'y peut pénétrer : le jeu est fermé.

Ces lames nommées registres, en nombre égal à celui des jeux, sont mises en mouvement, sont ouvertes ou fermées à volonté par le tirage des boutons placés sur les côtés du clavier.

Donc, des tuyaux sonores, des gravures pour les recevoir, des registres pour leur ménager l'accès de l'air, une laye où cet air est en réserve, prêt à entrer violemment dans les issues qui lui seront ouvertes, une soufflerie d'où l'air comprimé est conduit à la laye par des porte-vent, telle est la partie fondamentale d'un orgue celle qui a traversé les siècles sans se modifier d'une façon essentielle tant elle semblait parfaite et admirable dans sa simplicité.

M. Merklin seul depuis quelques années (1889) y a fait une brèche en inventant les registres à double chappe dont nous vous ferons plus loin la description.

Les perfectionnements apportés par la facture moderne, résident dans le mécanisme adopté pour obtenir l'ouverture de la soupape des gravures. Il y avait ici beaucoup à modifier comme vous allez le voir.

C'est du clavier que part le mouvement. Jusqu'à 1838 la touche du clavier était reliée à la soupape de la gravure correspondante par un système très compliqué et plus ou moins étendu selon les distances, de vergettes, de leviers, d'équerres, de rouleaux, d'abrégés, de tringles, etc.

En admettant que ce système fût parfaitement équilibré, en négligeant même la résistance dûe aux frottements des articulations de toutes ces pièces multiples, il est évident que le doigt de l'organiste devait exercer sur la touche une pression légèrement supérieure à celle que l'air comprimé exerce sur cette soupape. Or, cette soupape a une dimension qui varie de 0,18 cc. centimètres carrés à 0,60 cc.

La pression de l'air dans la laye est en moyenne de 9 à 11 grammes par centimètres carrés, ce qui donne pour la soupape entière 180 à 600 grammes.

Si l'on associe 4 claviers par exemple, la pression atteint 700 à 2400. Et, enfin, si l'organiste abaisse plusieurs touches à la fois, il a besoin d'une puissance qui peut atteindre de 7 à 15 kilos.

Quelle fatigue!! et quelle entrave à la délicatesse du doigté.

Ce n'est pas tout encore; l'émission des sons se ressentait de ces difficultés, non-seulement l'intensité du son, mais sa hauteur variaient selon que la soupape était faiblement ou largement ouverte. De là les inégalités dans les notes d'un même jeu au point de les rendre disparates.

Nous n'irons pas loin pour vous en donner un exemple. Qui d'entre vous n'a été frappé de la transformation du petit orgue-de cette église depuis sa restauration et l'application du système électro-pneumatique. Quelle amplification dans son timbre et sa sonorité! C'est qu'autrefois les tuyaux parlaient à bouche moitié fermée et qu'aujourd'hui ils sont obligés de chanter à pleine voix ; la soupape largement ouverte.

Un anglais, nommé Barker, eut une idée de génie.

L'air comprimé s'oppose à l'ouverture de la soupape des gravures ; obligeons-le, dit-il, à l'ouvrir lui-même. Et alors il inventa son *levier-pneumatique.*

C'est un petit soufflet placé sous la laye immédiatement au-dessous d'un trou dont cette laye est percée. Le soufflet présente lui aussi une ouverture communiquant avec la première par une soupape.

Si cette soupape est ouverte, le vent pénètre dans le soufflet et le gonfle. Sa paroi en se gonflant attire la soupape de la gravure à laquelle elle est reliée par une tringle.

Dès lors, l'organiste n'a plus à vaincre d'autre résistance que celle qui s'exerce sur la soupape minuscule du soufflet; 4 à 8 grammes.

Appliqué pour la première fois en 1839, ce merveilleux perfectionnement fut adopté par tous les facteurs modernes. Mais si prodigieux qu'ait été ce progrès, il n'en reste pas moins, pour arriver de la touche à la soupape du soufflet la nécessité d'un mécanisme intermédiaire, très compliqué, formé d'un matériel encombrant.

Ainsi, par exemple, dans l'orgue de Notre-Dame, pour atteindre au sommier supérieur, les vergettes auraient dû avoir jusqu'à dix mètres de longueur pour leur partie verticale seulement. Joignez-y la portion horizontale de 1 à 3 mètres avec ses équerres, ses rouleaux d'abrégé, etc. ; multipliez ceci par les 56 notes d'un clavier, multipliez par les 4 claviers superposés, ajoutez-y le matériel d'appel des 42 registres et jugez de ce dédale, de cette forêt de pièces toutes établies en substances combustibles, sujettes à toutes les influences de température, subissant par le fait de l'état hygrométrique de l'air des déviations, des gondolements, des dilatations de nature à entraver le fonctionnement régulier de tout le système.

Supprimer ce matériel, c'est atteindre la perfection.

En 1862, M. Peschard de Caen l'avait compris. Il courut droit au but. S'adressant à l'électricité, il confia à un électro-aimant le soin d'ouvrir la soupape d'admission des gravures. Il aboutit à un échec. Il avait compté sans les difficultés d'application de l'électricité telle qu'elle nous est fournie aujourd'hui. Nous avons vu combien était considérable le poids de chaque soupape. Il fallait donc un électro très puissant et un courant électrique de grande intensité. Or, un courant de grande intensité et constant ne s'obtient que par des piles spéciales, nombreuses et d'un entretien très coûteux. De plus, le fer qui constitue ces électros est rarement pur. Traversé par un courant intense, il conserve une partie de son aimantation *(Magnétisme rémanent)* et entrave ainsi la fermeture de la soupape.

En 1868, M. Peschard, aidé de Barker, modifia son système et attaqua non plus la soupape d'admission des gravures mais la soupape de décharge du levier pneumatique. Ainsi fut construit l'orgue de Saint-Augustin qui est resté l'un des rares spécimens de cette facture. L'instrument resta défectueux. Barker mourut sans en avoir pu corriger les imperfections et le système tomba dans l'oubli.

En 1883, Schmœle et Mols reprirent cette donnée et inventèrent leur admirable soufflet électro-pneumatique. Ils donnèrent à la soupape de décharge de ce levier une dimension très réduite ; l'ouverture qu'elle ferme n'a pas plus de deux millimètres carrés sur lesquels la pression n'atteint pas un demi gramme ; mais comme cette ouverture serait trop étroite pour obtenir le dégonflement rapide du soufflet, ils lui en adjoignirent une autre plus grande qui entre en jeu sous la pression de l'air comprimé lui-même dès que la première soupape a commencé le dégonflement.

Grâce à l'instantanéité de ce déclic, vous avez pu, comme

nous, entendre des exécutions d'une excessive rapidité sans qu'il y ait confusion dans aucune des notes de ce véritable bouquet d'artifice.

Dès lors, au lieu de cette forêt de vergettes, un simple câble formé par la réunion des fils qui vont de la touche aux électro-aimants ; câble dont aucune partie ne peut s'altérer, ni se déranger ; câble que l'on peut dissimuler sous le plancher, dans les anfractuosités d'un édifice ou de l'orgue lui-même.

Grâce à l'application de ce système, vous avez pu conserver dans la tribune une surface libre très étendue qui aurait pu être augmentée encore si des raisons spéciales, regrettables au point de vue musical, n'avaient forcé l'architecte à s'appuyer sur les piliers de la tribune pour leur faire porter le poids de cet orgue géant.

Grâce aussi à ce système vous avez pu relier l'orgue du chœur au grand orgue de manière à associer ces deux instruments dans un même ensemble ou à en obtenir des effets de dialogue dont vous avez pu déjà admirer le charme et la merveilleuse harmonie.

Il ne nous appartient pas d'étudier ici les résultats que la liturgie sacrée pourra recueillir de ces associations d'orgues placées à distance, mais puisque l'Eglise désire que tous les fidèles chantent à la fois dans ses basiliques, peut elle concevoir et rêver quelque chose de plus grandiose que ces accords qui, sous les doigts d'un même organiste, s'élèvent des différents points d'un temple pour accompagner les voix des assistants, leur prêter un majestueux appui et donner avec la vie l'unité à tout cet ensemble.

La suppression de tout mécanisme intermédiaire entre le clavier et les sommiers permet aussi de ménager entre les différentes parties de l'orgue des passages pour y accéder, y exercer la surveillance et pratiquer les réparations nécessaires.

C'est ce système électro-pneumatique que vous avez adopté et nous sommes heureux de vous adresser ici nos plus sincères félicitations. Représentants d'une ville où les arts et les sciences sont particulièrement en honneur, vous avez tenu à lui conserver sa grande réputation. Vous avez voulu qu'une œuvre aussi importante que l'édification de cet orgue de tribune portât l'empreinte du mouvement scientifique qui a transformé tant de choses à notre époque.

L'électricité nous permet de communiquer instantanément à des distances incommensurables soit par l'écriture, soit par la parole. Elle éclaire nos édifices, elle illumine nos places publiques. Elle devait fatalement prêter son aide à la grande voix de l'orgue et en transformer la facture. Vous avez compris ce progrès et vous l'avez résolument accueilli.

Laissez-nous saluer ici, Messieurs, avec une profonde émotion, la mémoire de votre vénéré Doyen, M. l'abbé Prouvost, que nous avons l'immense regret de ne pas voir au milieu de vous.

Après avoir consacré son existence à l'embellissement de cette magnifique église, il a merveilleusement couronné son œuvre en contribuant pour une large part au choix judicieux que vous avez fait du système électrique. Il a montré aussi par là que le clergé, fidèle à ses traditions, savait toujours être au premier rang soit pour encourager les arts et les sciences, soit pour en utiliser les découvertes.

Ce sera pour lui, ce sera aussi pour vous une gloire durable et les nombreux visiteurs que cet orgue modèle attirera à Valenciennes s'associeront aux éloges qui sortent de nos bouches et de nos cœurs.

(Ceux qui désireraient de plus amples détails pourront consulter avec fruit l'ouvrage de M. le Chanoine Ply : *La Facture moderne étudiée à l'Orgue de Saint-Eustache*, et une étude très intéressante intitulée : *Les nouvelles Orgues*, publiée par le R. P. Vuillaume, dans le Tom LIV des *Etudes religieuses, philosophiques, historiques et littéraires*, où nous avons trouvé de nombreux renseignements qui nous ont été d'une grande utilité pour écrire ce rapport.)

Nous allons maintenant aborder le détail de l'expertise et vous indiquer l'ordre dans lequel il y a été procédé.

La commission était composée de :

MM.

Le R. P. GARIN, de la Société de Marie.
L'Abbé BRICOUT, Vicaire de la paroisse de Notre-Dame.
COPIN, Organiste titulaire de la paroisse.

DEVRED Paul, Organiste de la Métropole de Cambrai.

CARLIER Albert, Directeur du *Choral-Club* de Valenciennes.

DUPONT Henri, Compositeur, Secrétaire de la société des Concerts Populaires de Valenciennes.

MARGERIN, Docteur en médecine, à Valenciennes.

Nommés par le Conseil de Fabrique de Notre-Dame.

Et de MM.

L'Abbé PLY, Chanoine honoraire de Blois, Chanoine-Docteur de Tarse, Curé de Saint-Martin, de Laon.

L'Abbé BOURDON, Chanoine, Maître de Chapelle de la Métropole de Rouen.

L'Abbé GEISPITZ, Maître de Chapelle de Notre-Dame de Paris.

DALLIER, Organiste du grand Orgue de Saint-Eustache, de Paris, Membre du Comité d'études du Conservatoire de Paris, Officier d'Académie.

MANGEOT, Directeur du *Monde Musical*.

ROGER, Organiste à l'Eglise primaire de Saint-Brice, à Tournay.

GODINEZ, Organiste à la Cathédrale de la Guadalajara, au Mexique.

Désignés au même effet par les Facteurs MM. Merklin et Cie.

Cette Commission s'est réunie à la sacristie le 23 juin, à trois heures, pour procéder d'abord à la constitution de son bureau.

Ont été élus à l'unanimité :

Président, le R. P. GARIN ;

Secrétaire-Rapporteur, le Dr MARGERIN,

qui ont accepté ces fonctions.

Puis elle s'est transportée dans la nef pour entendre plusieurs morceaux exécutés par MM. Copin, organiste de Notre-Dame et Dallier, titulaire de l'orgue si justement renommé de Saint-Eustache, de Paris, à l'effet de juger de l'harmonie, de la force et du timbre des 54 jeux dont se composent les deux instruments.

Dès les premiers accords les experts ont admiré la puissance et la rondeur de toutes ces voix parlant dans le grand-chœur, en même temps que la fusion parfaite tant au point de vue rythmique qu'au point de vue harmonique des deux instruments qui pour l'oreille la plus exercée semblent n'en faire qu'un seul. La proportion des dessus avec les basses est si bien observée qu'en aucun cas les uns ne dominent les autres, La combinaison des deux instruments reliés par l'électricité a été si bien conçue que dans les dialogues les voix des orgues qui se répondent d'un etribuneà l'autre, se distinguent parfaitement tout en laissant voir que ce sont les voix de deux frères, de deux frères amis.

Quant à la sonorité, la Commission a donc lieu d'exprimer une satisfaction sans réserve.

Les experts se sont ensuite transportés à la tribune du grand orgue où lecture a été faite du contrat intervenu entre la Fabrique et la Maison Merklin et Cie et réglant les conditions dans lesquelles cette Maison était tenue d'exécuter les travaux.

D'abord on a fait l'appel des jeux des claviers, des pédales et boutons de combinaisons qui ont été établis conformément aux devis, sur une console importante où sont renfermés tous les légers appareils électriques qui doivent communiquer le mouvement de la main de l'artiste aux extrémités des deux instruments.

Chaque jeu a été ensuite entendu note par note de haut en bas. Ils sont tous parfaitement égalisés et contiennent le nombre de tuyaux portés au devis, à savoir : 2575 qui, réunis aux 556 de l'orgue du transept, donnent un total de 3131. Chaque jeu a bien son timbre distinct d'accord avec le nom qu'il porte.

Les experts ont constaté la facilité du tirage des registres et le parfait fonctionnement des pédales de combinaison et d'expression. D'autre part, les pédales et boutons de combinaison sont si bien conçus et en tel nombre que l'orgue présente à l'artiste une quantité incalculable d'effets variés qu'on ne saurait rencontrer dans les orgues construits d'après le système non électrique.

La soufflerie, qui est la poitrine de l'orgue, a été l'objet d'une attention toute particulière de la part de la Commission. Elle se compose de quatre grands soufflets mesurant 3 mètres 30 centimètres de longueur sur 1 mètre 30 de largeur et pouvant contenir 6 mètres cubes d'air comprimé. Deux régulateurs de la contenance de 2 mètres cubes ont été construits, l'un pour le sommier du positif, l'autre pour le sommier du récit.

Cette soufflerie est alimentée par 4 pompes à double effet, fonctionnant au moyen de bascules-pédales et distribuant l'air aspiré du dehors dans les divers réservoirs qui l'attendent à une pression mesurée par 1 colonne d'eau de 9 à 11 centimètres.

Soumise à une double épreuve nous avons admiré avec quelle rapidité l'air arrivait aux tuyaux, pour les faire parler et avec quelle abondance il alimentait les sommiers.

Il faut 30 secondes à un accord composé de 14 notes sur tous les jeux et prises moitié dans le médium et moitié dans les basses des claviers accouplés pour l'étancher et le mettre *à sec.*

Vos experts se sont ensuite transportés dans les diverses parties de l'orgue pour visiter les détails de l'instrument. La distribution des tuyaux sur leurs sommiers respectifs est des plus intelligente et leur installation d'une solidité à toute épreuve, grâce aux faux sommiers et aux croissants dont toutes les séries sont fournies et, d'autre part, les tuyaux eux-mêmes sont de bonne matière et de bonne épaisseur. Les porte-vent sont en bonne étoffe et de diamètre convenable pour l'alimentation des tuyaux auxquels ils aboutissent.

Faisons remarquer que toutes les parties de ce vaste monument sont accessibles et distribuées de telle sorte qu'on peut arriver partout sans rien déranger, chose importante au point de vue de l'entretien et de l'accord qui doit se renouveler plusieurs fois pendant l'année, si l'on veut que l'harmonie règne toujours dans un instrument aussi puissant.

Le travail exécuté par MM. Merklin et Cie à l'orgue de chœur, a été ensuite contrôlé par votre Commission, qui n'a ici comme à la tribune du grand orgue que des félicitations à adresser au facteur pour l'excellence du résultat.

Chacun a admiré la console du chœur qui permet de jouer du chœur même l'orgue du transept pour l'accompagnement des chantres.

M. Roger, organiste de Tournay, a montré de quelle ressource cette petite console peut être en certain cas.

L'électricité, l'âme de tout l'ensemble, est développée par 7 éléments Lalande et Chaperon, à grande surface, modèle de M. de Branville.

Ces éléments ont une faible tension, un demi volt environ,

mais un courant puissant, d'une constance remarquable. Ils ne s'usent qu'à courant fermé. Avec la somme de travail qui leur sera imposée, ces éléments peuvent durer de un an à dix-huit mois, et pendant toute cette durée ils ne nécessitent aucun soin, aucun entretien.

De la pile, le courant est amené au collecteur du clavier par un fil muni d'un commutateur.

Lorsque le soufflet est au repos, une tige attachée à sa paroi supérieure vient reposer sur le commutateur, en écarte les deux branches et rompt le courant.

Si ce soufflet est distendu, la tige abandonne le ressort, le contact se rétablit.

Ce commutateur est une garantie contre toute déperdition accidentelle d'électricité. Jusqu'ici, il avait été construit de façon à fonctionner par simple approche. Il a reçu dans l'orgue de Valenciennes un perfectionnement qui le rend absolument indéréglable. C'est un commutateur à rotation où les surfaces métalliques sont obligées de glisser l'une sur l'autre pendant une course de plusieurs centimètres, ce qui en assure le contact absolu.

Les touches du clavier munies d'un fil conducteur portent à leur extrémité des aiguilles en maillechort non oxydables. les touches en se levant font glisser ces aiguillettes sur des lames métalliques reliées à un fil de distribution qui se rend à l'électro-aimant du soufflet, puis de là retourne à la pile. Le courant est ainsi complet. Le mouvement de la touche rompt ou rétablit le courant à volonté. Les contacts sont inoxydables: l'usure seule pourrait les altérer. Il faudra pour cela de nombreuses années, mais dans ce cas leur remplacement se ferait avec facilité, même par une main non exercée.

Les fils ne sont soumis à aucun dérangement ni à aucune altération. Nous devons faire remarquer encore que les glissements sont verticaux : aucune poussière ne peut s'interposer entre les surfaces de contact.

L'ouverture des jeux se fait électriquement aussi ; mais afin d'en assurer l'instantanéité les facteurs ont dû abandonner l'ancien système des registres dont nous vous avons donné la description pour adopter le modèle des registres à double chappe pour lesquels ils ont pris un brevet.

Ici, une simple membrane en peau se trouve tendue
devant chaque ouverture des tuyaux. L'air comprimé peut
agir à volonté sur l'une ou l'autre surface de cette membrane
de façon à l'appliquer tantôt sur l'orifice du tuyau sonore
qui se trouve ainsi obturé, ou dans le cas contraire écarté
de cet orifice dans lequel l'air, trouvant accès, s'engouffre
immédiatement.

C'est encore un électro-aimant qui, agissant sur une
soupape intermédiaire, règle cette distribution.

Si un simple contact envoyait le courant dans tous les
électro-aimants des registres, les 42 jeux s'ouvriraient à la
fois.

L'application de cette donnée en est faite aux boutons de
combinaison situés immédiatement au-dessous des touches
du clavier. Le pouce de l'organiste suffit à les mouvoir, et il
peut introduire ainsi, sans cesser de jouer, un nombre plus
ou moins considérable de jeux selon l'effet qu'il veut obtenir.

Toute la partie du mécanisme qui a trait à l'application
de l'électricité, nous a paru construite avec un soin parfait,
avec un art qui a excité notre légitime admiration.

En terminant cette expertise, Messieurs, nous considérons
comme un impérieux devoir d'adresser à M. Merklin nos
plus chaleureux éloges.

Le restaurateur des orgues de Fribourg et de St-Eustache,
l'organier dont la réputation s'est affermie par tant d'œuvres
remarquables, à Lyon, à Paris, à Marseille, à la Métropole
de Rouen, dans tous les coins de la France et de l'étranger,
a élevé dans votre église un monument qui, en illustrant la
facture française, contribuera à illustrer encore cette ville
déjà si riche en œuvres d'art.

Nous ne pouvons oublier MM. Charles Michel, gendre de
M. Merklin, et Joseph Gutschenritter, ses savants et labo-
rieux collaborateurs.

Nous les prions d'accepter la part bien légitime qui leur
revient dans nos félicitations.

Vous y joindrez les vôtres, Messieurs ; elles seront pour

eux en même temps qu'une juste récompense, un encouragement à marcher avec une nouvelle ardeur, avec une infatigable patience dans la voie pénible du progrès.

Nous qui bénéficions de leurs travaux, de leurs pacifiques conquêtes, sachons du geste et de la voix encourager leurs efforts, afin de nous associer à leurs glorieux succès.

Fait double à Valenciennes, ce 24 Juin 1891.

ONT SIGNÉ :

Le R. P. GARIN, Président ;

MM. l'abbé PLY, Chanoine ;	MM. ROGER ;
l'abbé BOURDON, Chanoine;	DEVRED ;
l'abbé GEISPITZ ;	GODINEZ ;
l'abbé BRICOUT ;	DUPONT H. ;
DALLIER ;	CARLIER Alb. ;
MANGEOT ;	COPIN.

Le Secrétaire-Rapporteur,

Dʳ MARGERIN.

A signé avec les experts, M. BUCCIALI, organiste à la Cathédrale d'Arras.

⁎

Après avoir entendu la lecture de ce rapport, le Conseil de fabrique vote à l'unanimité des remercîments et des félicitations à MM. les membres de la Commission d'expertise, à M. le Rapporteur et à la Maison Merklin et Cie.

INAUGURATION DES GRANDES ORGUES

DE NOTRE-DAME DE VALENCIENNES

Un artiste de grande valeur, M. le chanoine Ply, curé de Saint-Martin, de Laon, qui assistait mercredi à l'inauguration de nos orgues, a bien voulu faire pour les lecteurs de l'Echo le compte-rendu suivant de cette magnifique séance :

Mercredi, dans la nef de l'église Notre-Dame du Saint-Cordon se pressait une foule composée de tout ce que la ville de Valenciennes et les environs contiennent d'hommes intelligents, de femmes artistes, de connaisseurs et d'amateurs de musique.

Le chœur était à la lettre rempli d'ecclésiastiques de tout âge et de tout rang dont la présence témoignait de l'intérêt que prend toujours l'Eglise catholique aux progrès des arts et des sciences, surtout de ceux qu'elle a depuis longtemps bénis et adaptés à ses incomparables solennités.

Il s'agissait de l'inauguration du grandiose et magnifique instrument que MM. Merklin et Cⁱᵉ viennent d'achever pour cette paroisse et dont une commission d'expertise avait fait l'examen détaillé, mardi dernier, dans l'après-midi.

Le programme de la séance était plein de promesses; il a été rempli à souhait.

Après la bénédiction liturgique de l'instrument par M. le vicaire-général Destombes, qui présidait la cérémonie, M. Copin, organiste de Notre-Dame, a fait entendre la voix grave et puissante du grand-chœur de l'orgue de tribune à laquelle se mêlait la voix plus douce de l'orgue d'accompagnement relié par l'électricité au buffet qui étale ses ailes géantes au fond de la gracieuse et riche église. Rien mieux que la Marche solennelle d'Alphonse Mailly ne pouvait servir d'ouverture au concert qui nous était promis ni donner idée plus juste de la puissance et de la majestueuse rondeur que recèle le nouvel instrument. Faut-il dire que l'*O salutaris* de Panseron, chanté par M. Vérin, de l'Opéra, et accompagné par l'organiste de la paroisse, a été la démonstration des ressources que possède l'orgue pour l'accompagnement des voix.

Pareille et plus complète expérimentation sera faite dans le *Tu es Petrus* du R. P. Garin, introduit dans le programme par une délicate attention et comme hommage à ce cher valenciennois qui honore ici l'art musical et la religion avec un zèle égal et que les membres de la Commission d'expertise avaient fait la veille, à l'unanimité, leur légitime président. Il faudrait redire la même chose pour le chant du *Pater noster* de Niedermeyer et pour le *Laudate* de Lenepveu, en répétant les mêmes éloges et pour les solistes et pour les choristes, que le digne maître de chapelle tenait au bout de son archet et entraînait au plus incontestable succès.

Excellent aussi pour l'accompagnement des instruments à cordes avec lesquels — je ne sais par suite de quelle mystérieuse sympathie, — l'orgue se marie plus volontiers et plus agréablement qu'avec les instruments à vent, qui sont pourtant de sa famille.

Faire compliment pour leur exécution de l'*Hymne de la Vierge* à MM. Schelbaum et Fiévet serait commettre un pléonasme envers ces deux artistes dont le beau talent n'est plus à révéler.

Arrivons vite à l'orgue concertant et au modeste, aimable, savant, sérieux et religieux artiste qui, pendant deux heures, a retenu captive l'attention du nombreux auditoire venu pour l'entendre. Si je ne me trompe, Saint-Augustin a défini la musique la science des nombres, aujourd'hui on l'appelle l'art de combiner les sons pour exprimer les sentiments, d'une manière agréable à l'oreille. Ces deux définitions se complètent. La musique est science et art, arithmétique et poésie. Mais la musique d'orgue plus que toute autre doit revêtir ce double caractère. Or, l'éminent organiste de Saint-Eustache est un vrai mathématicien, ses

savantes combinaisons harmoniques et rythmiques le
prouvent bien : mais M. Dallier est peut-être, — qui s'en
plaindrait ? — plus grand poète encore : j'en appelle aux
souvenirs des heureux auditeurs qui l'ont entendu dans sa
Marche Triomphale et dans ses *improvisations* sur des
cantiques dont le motif revenait tantôt sur la clarinette
tantôt sur la voix humaine avec des accompagnements nouveaux soit pour le timbre, soit pour le rythme, soit enfin
pour le style toujours pur, savant, noble et digne du sujet.
Quelle fécondité d'imagination ! mais quelle science à son
service !

Et d'autre part, dans l'exécution des œuvres des maîtres,
quelle sûreté d'attaque, quelle facilité de doigté, quelle
intelligence surtout de la pensée du compositeur ! Comme
M. Dallier sait vous la faire comprendre dans le détail du
phrasé le plus correct, si rapide que soit le mouvement !
Comme il sait, après l'avoir fait sienne, vous la présenter
dans sa pure clarté et vous la faire goûter à votre tour !

Le grand artiste de Saint-Eustache n'excelle pas moins
dans l'exposition, qu'il sait faire pour l'ouïe, des ressources
multiples et j'oserai dire infinies que contient l'instrument
divin, enrichi des derniers perfectionnements que la facture
moderne a pu réaliser, sans souci d'autres bénéfices que de
ceux que l'art religieux peut en retirer.

Ajoutons de suite et sans calembour qu'à l'orgue de
Notre-Dame, M. Dallier avait beau jeu. En effet, cet
instrument, le trente-deuxième qu'ait construit la maison
Merklin et C[le], d'après le système électro-pneumatique est,
par le nombre de ses jeux et ses consoles de claviers, par le
fini du travail et les perfectionnements nouveaux qu'il ren-
ferme le dernier mot du progrès réalisé dans la facture.

Nous ne l'ignorons pas, malgré les richesses infinies que
le nouveau système de M. Schmoele et Mols perfectionné
par MM. Merklin met à la disposition de l'organiste tant
pour la sûreté que pour la variété de son jeu, il lui reste
bien des artistes à convaincre — pratiquement du moins —
et de nombreuses et peut-être précieuses sympathies à
conquérir. Que n'étaient-ils hier à Notre-Dame, et les hési-
tants et les opposants sincères ? Venus la haine au cœur ou

le dédain dans l'esprit, ils seraient retournés convaincus et sympathiques et finalement convertis.

Il serait téméraire de dire que nous sommes arrivés au sommet de ce grand art dont les progrès ont été si lents, et ce serait imprudemment vouloir fermer la voie aux artistes de l'avenir : l'orgueil et la présomption n'ont servi aucune cause d'une façon durable. Mais nous pouvons affirmer que la maison Merklin et Cie a pris le bon, le vrai chemin qu'il faut suivre. Parce que d'autres s'y étaient arrêtés après quelques pas faits en avant, on lui a crié : Casse-cou ; mais elle a persévéré, elle a marché d'améliorations en améliorations, on peut dire aujourd'hui de succès en succès et nous, converti de la première heure, en présence du succès de la journée d'hier nous dirions, n'était son âge, à M. Merklin : *Perge, puer, sic itur ad astra.* Jeunes et intelligents collaborateurs, c'est à vous que je le dis, et vous m'écouterez ; car les désintéressés sont avec vous et leur opinion c'est que là est l'avenir de votre art.

H.-R. PLY.

Chanoine, curé de St-Martin de Laon.

Cet autre compte-rendu non moins intéressant que le premier et qui vient le compléter porte la signature de M. Paul Devred, organiste de la cathédrale de Cambrai :

Mercredi, a eu lieu, en l'*Eglise Notre-Dame*, à *Valenciennes*, l'inauguration des nouvelles grandes orgues.

Après la bénédiction de ces orgues, faite par M. le vicaire général Destombes, assisté de MM. les doyens de St-Nicolas et St-Géry de Valenciennes, M. Copin, organiste titulaire fait entendre sur le magnifique orgue de tribune la *Marche solennelle* en *ut* de Mailly. Très-bien exécutée, cette marche produit la meilleure impression.

M. Verin, de Paris, chante ensuite d'une voix de basse bien sonore et bien expressive l'*O Salutaris* de Panseron.

L'éminent organiste de St-Eustache, M. Dallier, prend ensuite possession des Orgues. Il débute par la *Marche Triomphale* de sa composition et, dès les premières mesures on se sent empoigné par la netteté de jeu de l'exécutant et la belle sonorité de l'instrument. Les passages de chants dialogues par les deux orgues sortent sans la moindre confusion ; c'est un résultat magnifique. M. Dallier a habilement intercalé le chant du *Te Deum* dans cette marche. On l'entend à l'orgue de chœur pendant que sur l'orgue de tribune les accompagnements et contre chants exécutés avec une sûreté de main extraordinaire en commençant *pp.* arrivent graduellement au *ff.* réunissant toute la force des deux orgues. L'effet rendu est puissant, magistral, et laisse les auditeurs étonnés et ravis.

Les *thème, fugue* et *variation* de *C. Franck* ont été exécutés en maître. Le début, solo de clarinette sur l'orgue de chœur, dialogué ensuite avec le hautbois du grand orgue est très expressif et d'un beau timbre. La fugue est exposée sur les jeux de fonds. On entend les 4 parties successivement et se détachant parfaitement. Cette partie de l'œuvre du regretté C. Franck est supérieurement rendue, avec l'impeccabilité de style qui caractérise le talent immense de l'organiste de St-Eustache. La variation de flûte par la main gauche qui vient ensuite est d'un très bel effet. Quel mécanisme extraordinaire!

Le *Tu es Petrus* du *père Garin*, par le chœur d'amateurs et la maîtrise, d'une belle puissance de facture, a été très bien rendu, sous la direction de M. Biloir. Le solo de baryton, le duo pour soprano et contralto, ainsi que les chœurs ont produit beaucoup d'effet.

M. Dallier nous fait entendre ensuite une brillante *improvisation* sur un cantique célèbre : « Heureux qui dès l'enfance », qu'il a développé avec un talent extraordinaire, démontrant par des variations dont l'auditeur ne perd pas une seule note, les avantages de l'orgue électrique.

La *Fugue de Bach*, tour de force de mécanisme, nous montre l'artiste dans le véritable style classique. Quelle virtuosité! les passages de pédales en doubles croches sont enlevés avec une entière perfection, il est impossible de rendre ce morceau avec plus de netteté ; mais aussi quel excellent instrument pour permettre d'entendre dans un mouvement aussi vif, toutes les notes de ce morceau, sans qu'il y ait aucune bavure. Bravo pour l'organiste et le facteur !

Entre les deux parties, M. Desilve a prononcé une savante allocution sur l'origine de l'orgue qui a été très écoutée et fort goûtée.

M. Dallier reprend la séance par un *Andante en la*, savante composition, dans le véritable style de l'orgue. Tous les passages bien amenés forment 4 parties bien distinctes qu'on suit avec intérêt, tant par leur facture harmonique que par leur mélodie expressive. Le compositeur organiste a produit grand effet avec ce morceau, de même qu'avec les variations sur le *Septuor* de Beethoven, si belles dans leurs divers genres d'arrangement et exécutées par une maëstria incomparable et une souplesse surprenante. Le chant se détache toujours, malgré le mélange de notes qui l'accompagnent et qui brodent agréablement le célèbre motif de Beethoven.

Le *Pater noster* de Niedermeyer par M. Vérin et les chœurs sont d'un effet bien religieux et ont été chantés avec ensemble. Improvisation en *ré* mineur. M. Dallier excelle dans ces morceaux qui demandent une organisation spéciale alliée à un talent d'harmonie incontestable. Très réussie, cette *pastorale* où arrivent agréablement deux *Noëls* développés d'une façon très originale et très personnelle. La fin où le jeu des *clochettes* se marie aux *voix humaines* est d'un effet charmant et a été très goûtée.

Le Trio de Lefébure-Wely pour violon, violoncelle et orgue, « Hymne de la Vierge » a été dit avec beaucoup d'expression par deux véritables artistes, MM. Schelbaum et Fiévet, accompagnés parfaitement sur l'orgue, par M. Copin.

Le dernier numéro inscrit au programme d'inauguration, comportait un *Magnificat* en *sol*, avec *versets* pour l'orgue par M. Dallier. — Dans les différents morceaux exécutés, le Maître a fait connaître tous les jeux du magnifique Orgue électrique et en a tiré un parti merveilleux, tant par la variété des timbres que par la beauté et la poésie des improvisations, toutes intéressantes. — Tous ceux qui ont eu le bonheur d'assister à cette mémorable séance en conserveront un souvenir ineffaçable. M. Dallier a droit à la reconnaissance de ses nombreux auditeurs pour le plaisir qu'il leur a procuré. Qu'il permette au signataire de ce compte-rendu d'y joindre l'hommage de son admiration.

Paul Devred.

Organiste de la Cathédrale de Cambrai

INAUGURATION DES ORGUES ÉLECTRIQUES
de Notre-Dame

Extrait du journal le PROGRÈS DU NORD *(N° du 27 Juin 1891)*

Mercredi à trois heures a eu lieu l'inauguration des grandes orgues de l'église Notre-Dame.

Dûes à la libéralité de feue Madame Edouard Hamoir, ces orgues ont coûté 67,000 fr. ; le buffet admirable par ses proportions sveltes et ses gracieux détails a coûté 25,000 fr. et la tribune qui les supporte 14,400 fr. La tribune à laquelle on accède par des escaliers en tourelles dont les cloisons sont artistement ouvragées peut contenir 90 éxécutants.

L'ensemble du chœur pourrait paraître un peu écrasé et en effet, M. Batigny, l'architecte de grand talent, chargé de ce travail important a dû faire diminuer la hauteur de la flèche centrale qui surmonte les tuyaux, pour loger le monumental instrument ; mais il rachète amplement ce léger défaut par son élégance et la richesse de sa décoration.

Le choix du facteur a suscité des discussions longues et passionnées entre les partisans de la maison Cavaillé Coll et les admirateurs de la maison Merklin ; l'emploi de l'électricité et la possibilité de faire chanter en même temps l'orgue de la tribune et l'orgue du chœur ont décidé de la victoire de la maison Merklin.

En effet, grâce à l'électricité, la distance entre l'orgue des tribunes et l'orgue de chœur n'existe plus.

Ce dernier offert par M. Emile Durieux, a été placé en 1874 et a servi pour tous les offices chantés jusqu'aujourd'hui.

Réuni maintenant au grand orgue par des fils invisibles il voit ses onze jeux mis en mouvement par l'organiste placé devant les claviers du grand orgue qui compte lui-même 42 jeux, 4 claviers à main et un clavier important de pédales. Grâce aussi à des combinaisons dont le système électrique a seul le secret, des registres plus ou moins nombreux, peuvent être ouverts ou fermés à la fois sans que les doigts de l'organiste quittent le clavier, ce qui lui permet d'introduire dans le concert ou d'en retirer instantanément un nombre de jeux plus ou moins considérables et d'en obtenir des effets véritablement saisissants.

A trois heures, l'église est pleine, nous reconnaissons dans la foule les autorités administratives, MM. Debaralle et Sautteau, adjoints, Emile Weil, conseiller général ; les autorités militaires, le président du tribunal, les présidents et chefs des sociétés musicales de la ville, M. Fischer, l'excellent directeur des Orphéonistes, venu de Bruxelles pour la circonstance, enfin, beaucoup de fort jolies toilettes, une véritable assemblée de première représentation. Et en effet n'en est-ce pas une ?

Le clou de la solennité était la présence aux claviers de M. Dallier, l'organiste de l'Eglise Saint-Eustache, à Paris, et l'on peut dire de suite que son universelle renommée n'est point usurpée ; il a tenu son monde pendant plus de deux heures sous le charme de ses mélodies et de son jeu fait de souplesse et de talent.

Sa marche triomphale où se devinent les premières mesures du « Roi de Thulé » discrètement chantées par l'orgue de chœur et auxquelles répond un accompagnement sourd et langoureux comme venant de l'extérieur, nous plonge dans un charme mélancolique.

Aussi charmant le solo de hautbois du chœur accompagné par les grands jeux. Le n° 6 du programme : « *Improvisation sur des cantiques* » nous permet d'entendre un véritable gazouillement d'oiseaux susurré par les petites flûtes soutenues en sourdine par un accompagnement rappelant un cantique connu.

L'improvisation sur le célèbre : *Venite adoremus* de Noël nous ramène aux beaux jours de l'enfance et remue en nous par sa tendresse touchante les fibres intimes de l'émotion. Que dire de plus à un artiste qu'il vous attendrit presque jusqu'aux larmes ! Tout ce qu'a joué M. Dallier était si senti, si vibrant, si noble qu'il est bien difficile après cela de ne pas lui reconnaître les qualités éminentes qui font un artiste hors de pair.

M. Copin, l'organiste titulaire, a vaillamment pris possession de son instrument; il est jeune, ardent et convaincu, il marchera sur les traces de son Maître et amènera souvent nous en sommes certains, beaucoup d'amateurs de bonne musique à l'église Notre-Dame.

M. Vérin, de l'Opéra, s'est fait entendre d'une façon remarquable dans un *O Salutaris* et un Pater qu'il a parfaitement détaillé de sa belle voix large et puissante ; à peine ses notes les plus graves avaient-elles besoin d'être soutenues par l'orgue ; elles arrivaient pures jusqu'au fond de la basilique.

MM. Schelbaum et Fiévet, l'un professeur de violoncelle, l'autre de violon à l'Académie nationale de musique ont une fois de plus consacré leur grand et vrai talent dans un *Hymne à la Vierge* accompagné par M. Copin.

M. Billoir, le maître de chapelle a dirigé avec sa connaissance parfaite des chœurs, plusieurs ensembles des mieux réussis.

Enfin M. Desilve, docteur ès-sciences morales a fait l'historique de l'orgue, depuis ses premiers débuts qu'il fait remonter à 150 ans avant l'ère chrétienne, et qui n'était alors que de simples tubes mis en vibrations par des filets d'eau. Puis un bénédictin eu l'idée vers le Xe siècle d'appliquer la force du vent à la production des sons dans les tuyaux d'orgue ; au XVIIIe siècle l'orgue se rapprochait beaucoup de ce qu'il est aujourd'hui — enfin l'électricité venait apporter les derniers perfectionnements à ce roi des instruments de musique. — Il termine d'une façon patriotique en souhaitant d'entendre rugir de joie les orgues des églises de France, le jour où nos soldats vainqueurs reviendront drapeaux en tête dans leurs foyers.

Après cette mémorable solennité, je crois que les adversaires de M. Merklin, hier encore si acharnés, sont devenus ses admirateurs et devront le remercier d'avoir doté l'église Notre-Dame d'un joyau d'une aussi haute valeur artistique.

G. B.

(Progrès du Nord)

Valenciennes. — Imp. Seulin et Delon

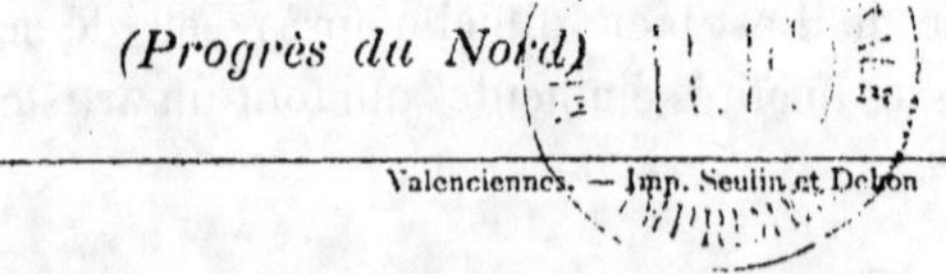